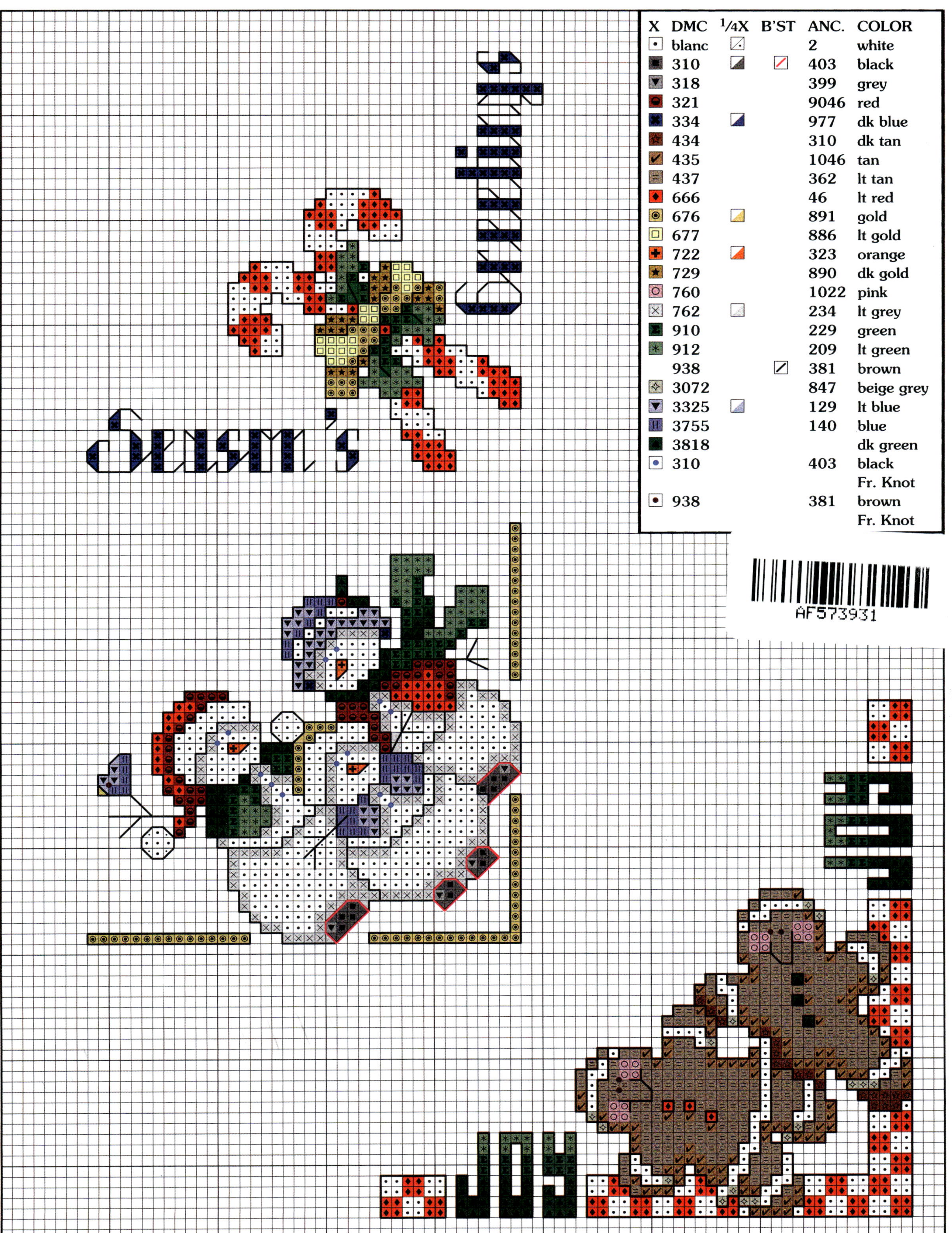

X	DMC	1/4X	B'ST	ANC.	COLOR
	blanc			2	white
	310			403	black
	318			399	grey
	321			9046	red
	334			977	dk blue
	434			310	dk tan
	435			1046	tan
	437			362	lt tan
	666			46	lt red
	676			891	gold
	677			886	lt gold
	722			323	orange
	729			890	dk gold
	760			1022	pink
	762			234	lt grey
	910			229	green
	912			209	lt green
	938			381	brown
	3072			847	beige grey
	3325			129	lt blue
	3755			140	blue
	3818				dk green
	310			403	black Fr. Knot
	938			381	brown Fr. Knot

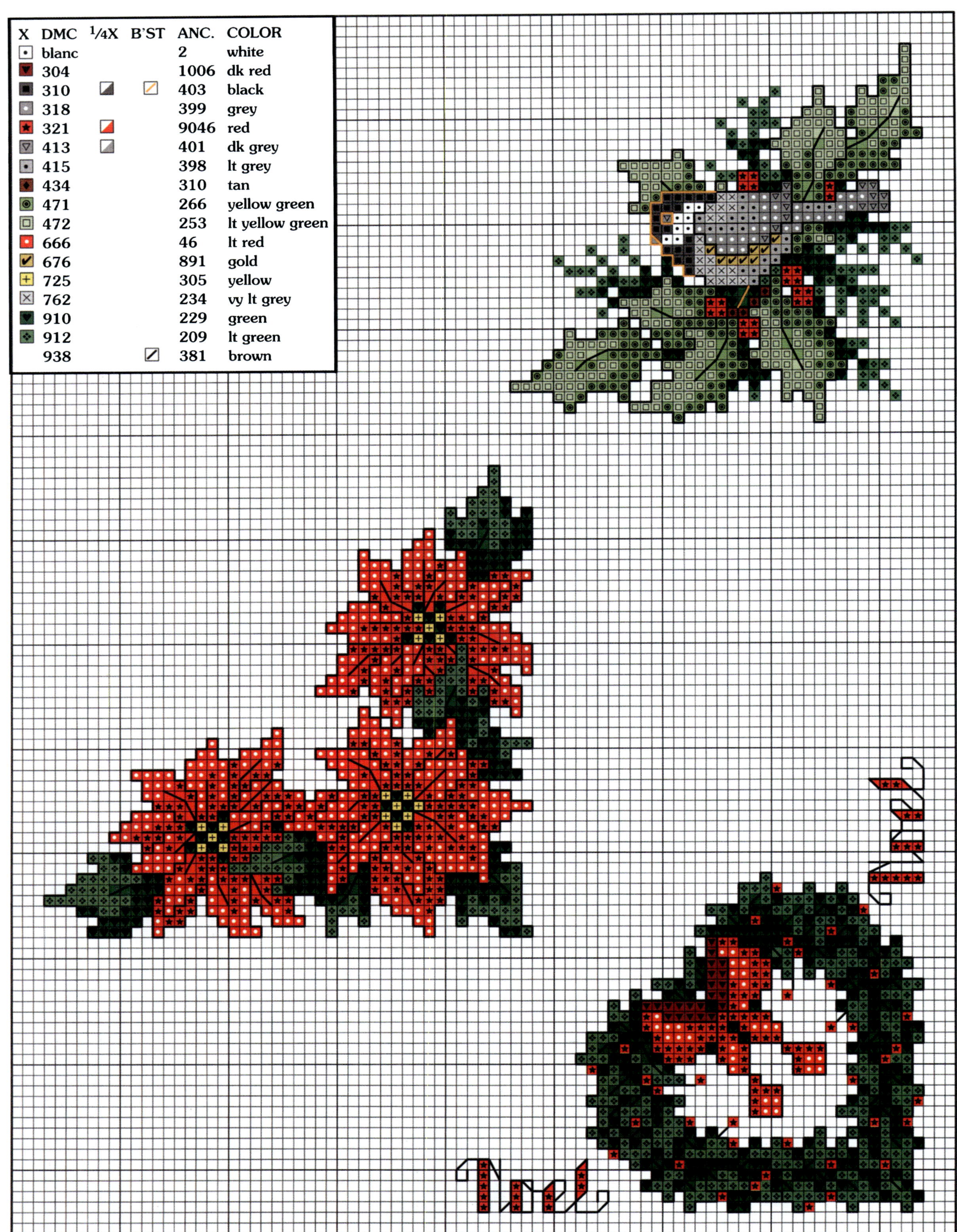

X	DMC	1/4X	B'ST	ANC.	COLOR
	blanc			2	white
	304			1006	dk red
	310			403	black
	318			399	grey
	321			9046	red
	413			401	dk grey
	415			398	lt grey
	434			310	tan
	471			266	yellow green
	472			253	lt yellow green
	666			46	lt red
	676			891	gold
	725			305	yellow
	762			234	vy lt grey
	910			229	green
	912			209	lt green
	938			381	brown

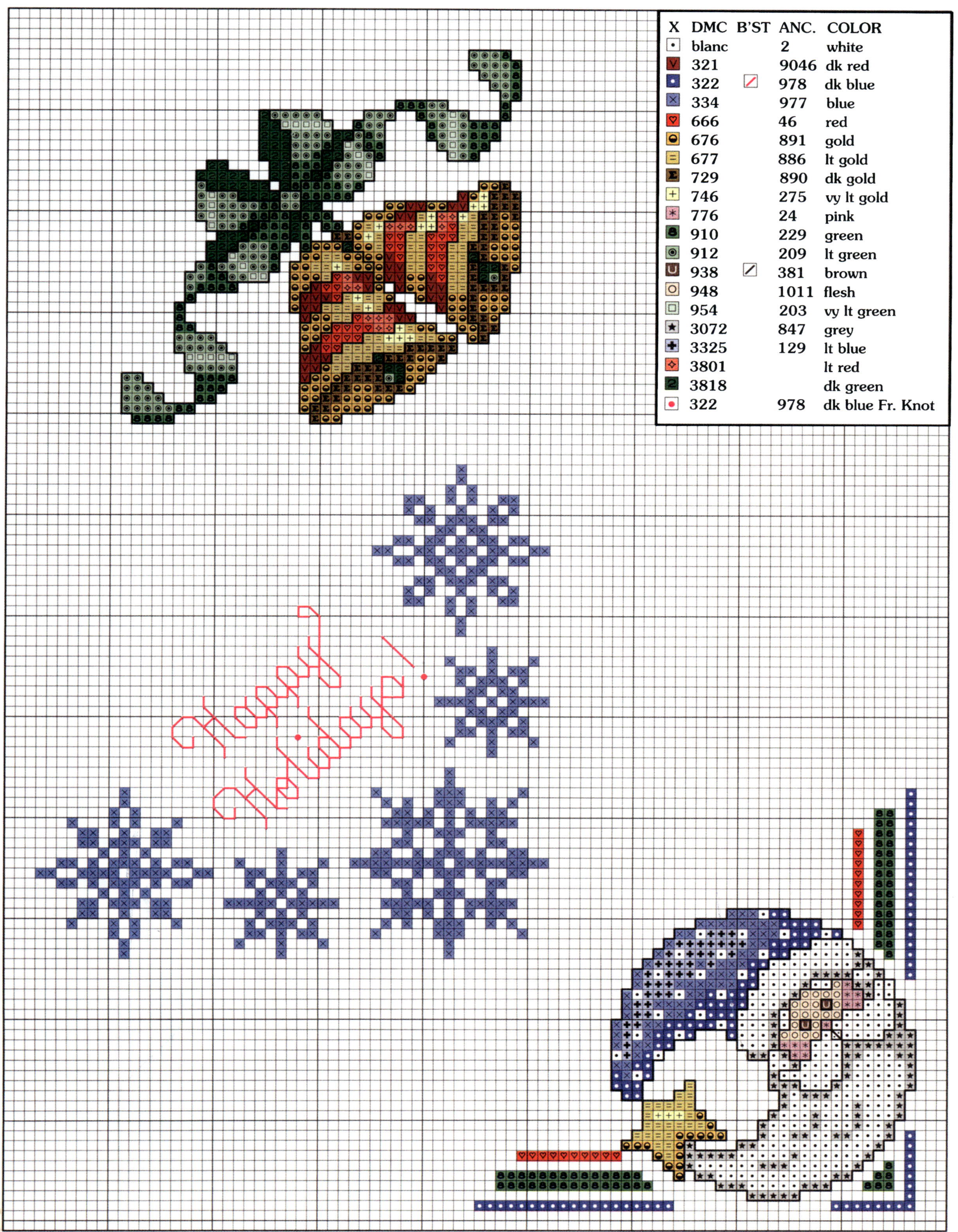

X	DMC	B'ST	ANC.	COLOR
	blanc		2	white
	321		9046	dk red
	322	/	978	dk blue
	334		977	blue
	666		46	red
	676		891	gold
	677		886	lt gold
	729		890	dk gold
	746		275	vy lt gold
	776		24	pink
	910		229	green
	912		209	lt green
	938	/	381	brown
	948		1011	flesh
	954		203	vy lt green
	3072		847	grey
	3325		129	lt blue
	3801			lt red
	3818			dk green
	322		978	dk blue Fr. Knot

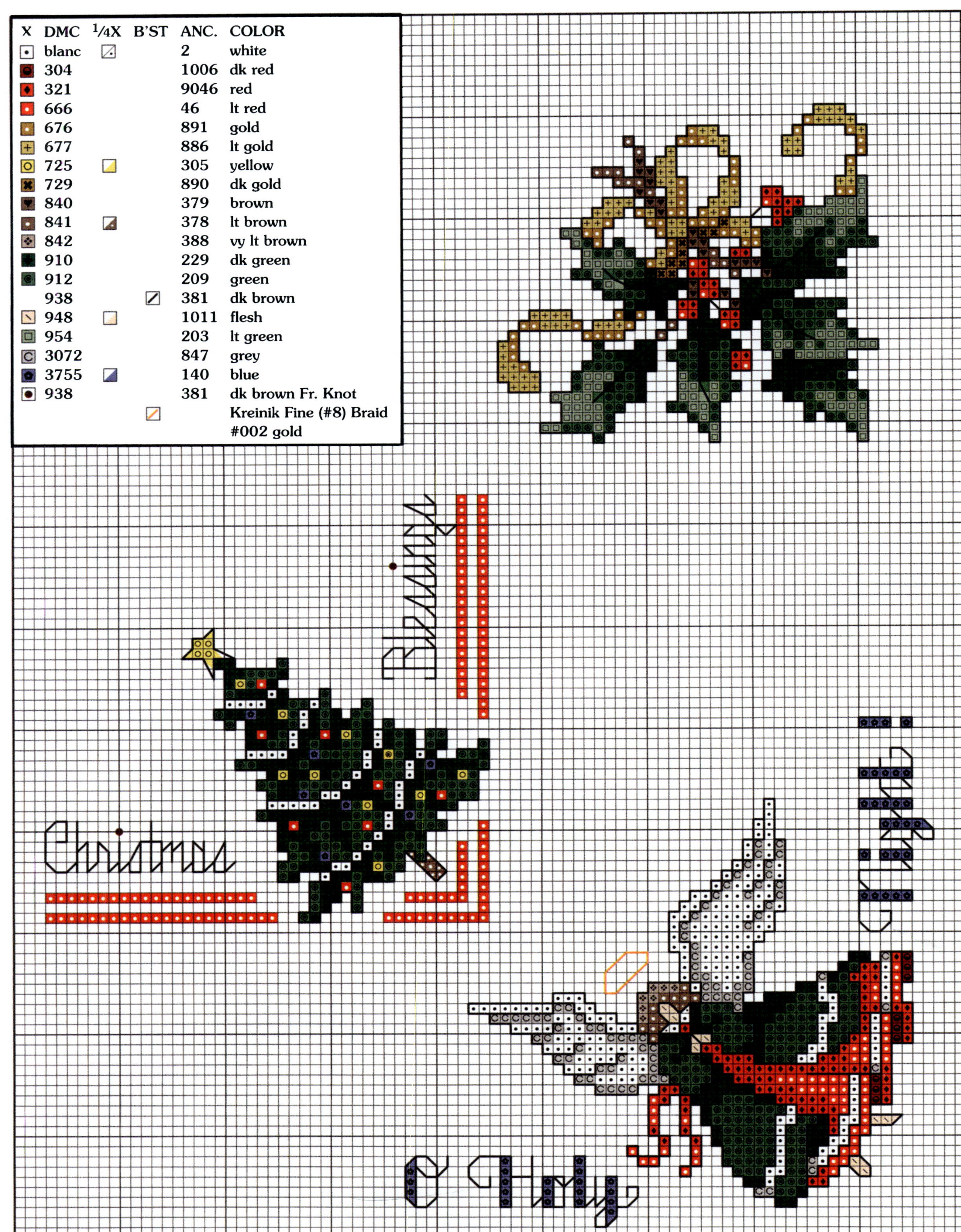

X	DMC	1/4X	B'ST	ANC.	COLOR
	blanc			2	white
	304			1006	dk red
	321			9046	red
	666			46	lt red
	676			891	gold
	677			886	lt gold
	725			305	yellow
	729			890	dk gold
	840			379	brown
	841			378	lt brown
	842			388	vy lt brown
	910			229	dk green
	912			209	green
	938			381	dk brown
	948			1011	flesh
	954			203	lt green
	3072			847	grey
	3755			140	blue
	938			381	dk brown Fr. Knot
					Kreinik Fine (#8) Braid #002 gold

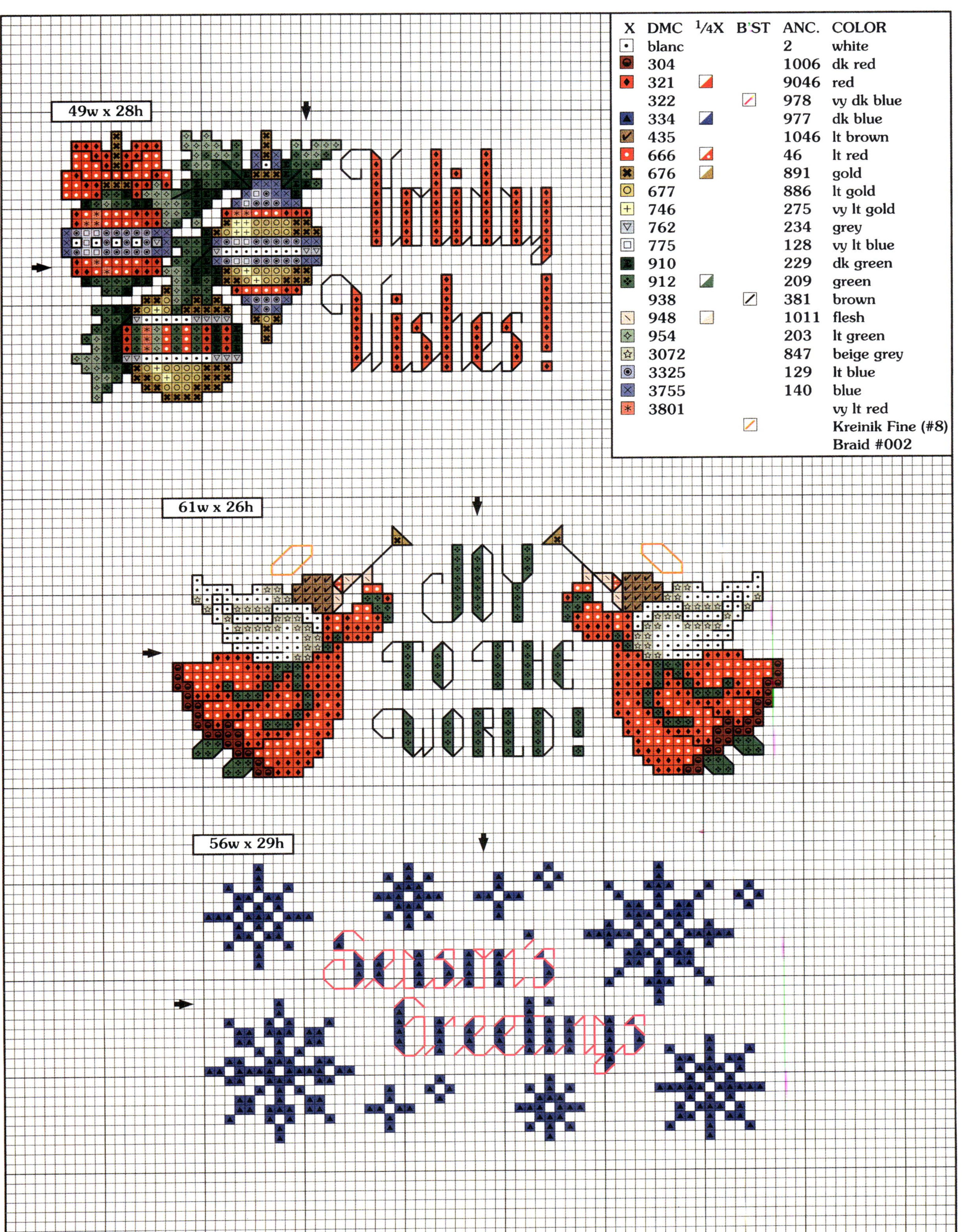

X	DMC	1/4X	B'ST	ANC.	COLOR
	blanc			2	white
	304			1006	dk red
	321			9046	red
	322			978	vy dk blue
	334			977	dk blue
	435			1046	lt brown
	666			46	lt red
	676			891	gold
	677			886	lt gold
	746			275	vy lt gold
	762			234	grey
	775			128	vy lt blue
	910			229	dk green
	912			209	green
	938			381	brown
	948			1011	flesh
	954			203	lt green
	3072			847	beige grey
	3325			129	lt blue
	3755			140	blue
	3801				vy lt red
					Kreinik Fine (#8) Braid #002

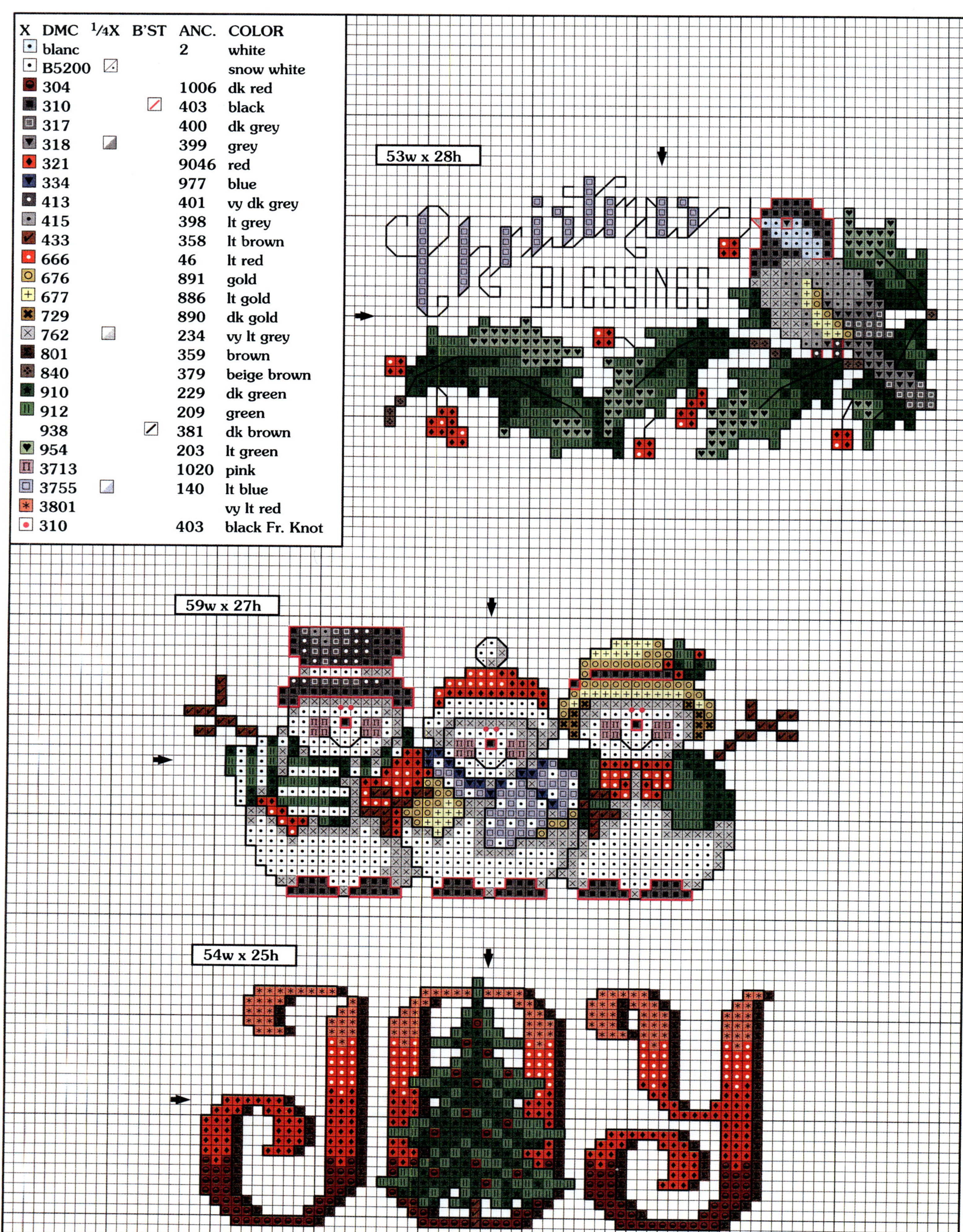

X	DMC	1/4X	B'ST	ANC.	COLOR
	blanc			2	white
	B5200				snow white
	304			1006	dk red
	310			403	black
	317			400	dk grey
	318			399	grey
	321			9046	red
	334			977	blue
	413			401	vy dk grey
	415			398	lt grey
	433			358	lt brown
	666			46	lt red
	676			891	gold
	677			886	lt gold
	729			890	dk gold
	762			234	vy lt grey
	801			359	brown
	840			379	beige brown
	910			229	dk green
	912			209	green
	938			381	dk brown
	954			203	lt green
	3713			1020	pink
	3755			140	lt blue
	3801				vy lt red
	310			403	black Fr. Knot

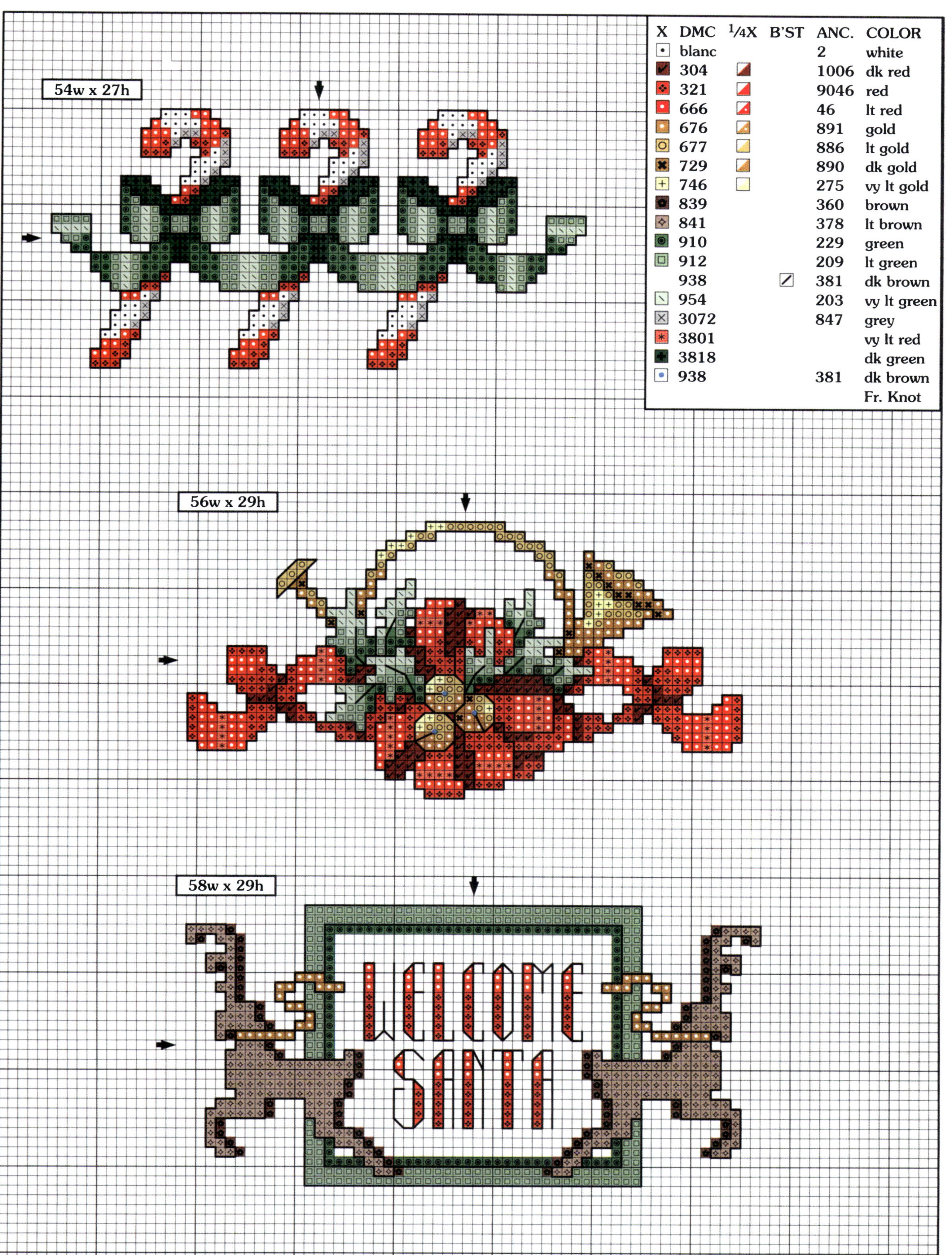

X	DMC	¼X	B'ST	ANC.	COLOR
	blanc			2	white
	304			1006	dk red
	321			9046	red
	666			46	lt red
	676			891	gold
	677			886	lt gold
	729			890	dk gold
	746			275	vy lt gold
	839			360	brown
	841			378	lt brown
	910			229	green
	912			209	lt green
	938		/	381	dk brown
	954			203	vy lt green
	3072			847	grey
	3801				vy lt red
	3818				dk green
	938			381	dk brown Fr. Knot

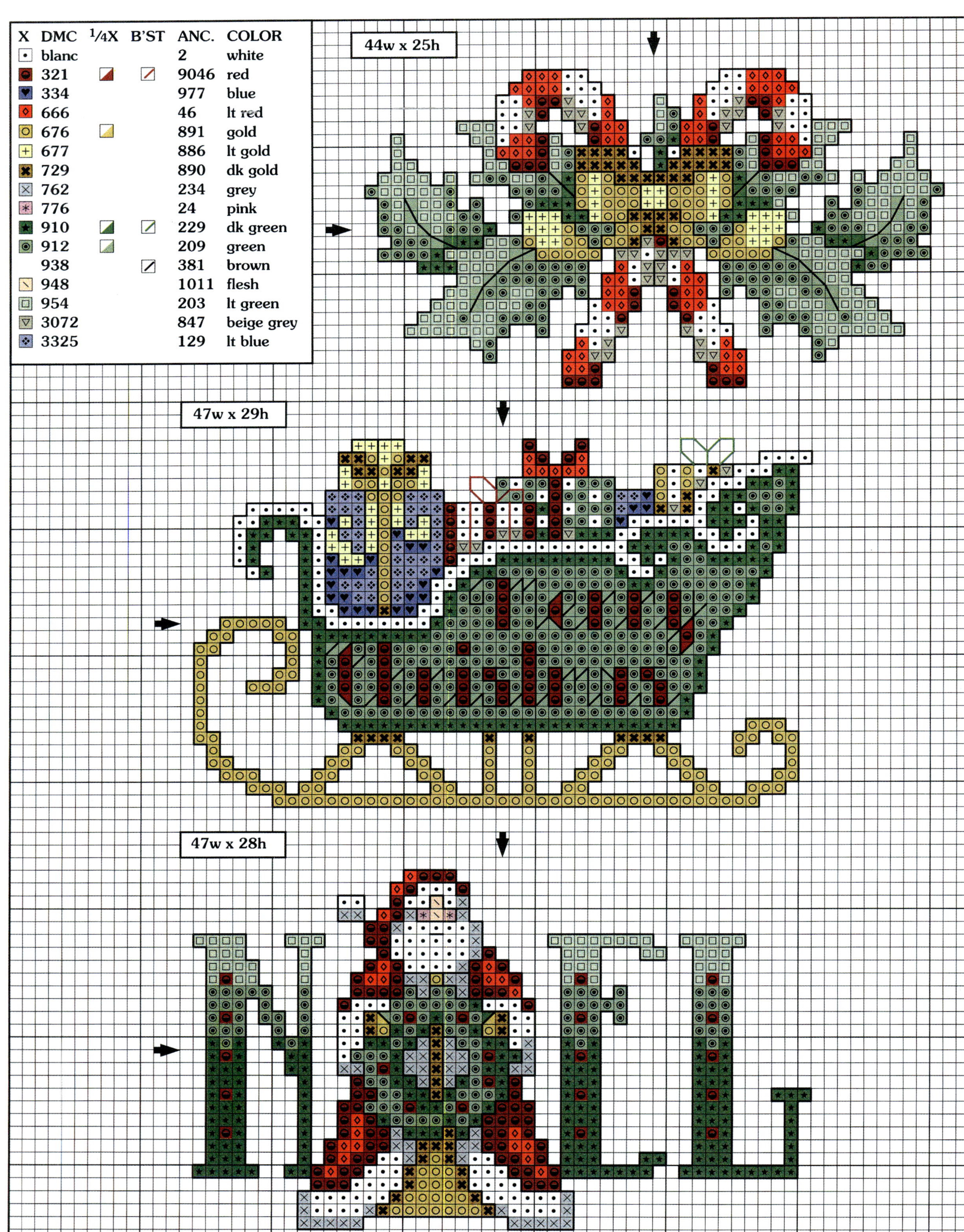

X	DMC	1/4X	B'ST	ANC.	COLOR
	blanc			2	white
	321			9046	red
	334			977	blue
	666			46	lt red
	676			891	gold
	677			886	lt gold
	729			890	dk gold
	762			234	grey
	776			24	pink
	910			229	dk green
	912			209	green
	938			381	brown
	948			1011	flesh
	954			203	lt green
	3072			847	beige grey
	3325			129	lt blue